VŒU NATIONAL

AU

SACRÉ-COEUR

> Historique. — Archiconfrérie du Vœu national. — Sainte Ligue du Vœu national. — Les Décades. — Les 1000. — Les Pierres. — Les Piliers. — Le Bulletin. — Les Travaux de la Crypte. — La Crypte à vol-d'oiseau. — Avis.
>
> Le Pilier de Marseille à l'Église du Vœu National.

MARSEILLE

IMPRIMERIE ET LITHOGRAPHIE CATHOLIQUE J. CHAUFFARD

RUE DES FEUILLANTS, 20

1879

VŒU NATIONAL

AU

SACRÉ-CŒUR

VUE DE L'ÉGLISE DU SACRÉ-CŒUR, A MONTMARTRE

VŒU NATIONAL AU SACRÉ-COEUR

HISTORIQUE

Quand, à Poitiers, en 1871, les premiers promoteurs du Vœu National ont entrepris cette œuvre, ils ignoraient où les conduirait ce qu'on appelait alors une folie. Ils ont marché néanmoins, sans s'inquiéter des difficultés, et certes, elles ne leur ont pas manqué.

Née au milieu de nos désastres, successivement approuvée par les Evêques, bénie par Pie IX, reconnue d'utilité publique par l'Assemblée nationale, adoptée par des milliers d'adhérents, l'Œuvre est devenue moralement grande, entourée d'un certain prestige, aimée des meilleurs et enrichie de privilèges. Sa marche ascendante est saisissante. Aussi ne faudrait-il pas que, de crainte de faire quelques sacrifices d'amour-propre et d'argent, on risquât de la paralyser.

En 1871, on ne songeait qu'à une simple chapelle ; mais plus tard pouvait-on vouloir encore si peu pour une Œuvre qu'on faisait si grande ? Ses protecteurs et ses amis en lui donnant de l'importance ont obligé aussi à en donner au signe visible qui en constatera le succès. Pouvait-on faire un monument restreint de celui auquel on donnait le titre d'Ex-Voto de la France ? Montmartre si admirablement choisi pour un édifice imposant entraîné de lourdes charges, et puisque les catholiques de France veulent que leur monument votif soit beau, il faut qu'ils soient généreux.

Les difficiles fondations du sanctuaire sont achevées, mais elles on absorbé une grande partie des fonds accumulés depuis l'origine ; il s'agit à présent de pas ralentir les travaux et d'élever les constructions extérieures.

Le Vœu National est l'Œuvre de tous, et le Comité a bien aussi compté sur le concours de tous, en marchant en avant ; il a le ferme espoir que des raisons supérieures cachant l'amour du repos, ou des capitulations avec soi-même qui permettent de ne rien faire, sans se troubler ni l'esprit ni le cœur, ne viendront pas arrêter le zèle des adhérents et des souscripteurs de l'Œuvre.

Comment ! En face des gigantesques travaux entrepris chaque jour pour accroître la richesse et les plaisirs du peuple, en présence de tant de dépenses de luxe si peu utiles, et pourtant si lourdes, on ne trouverait pas une somme suffisante pour élever l'Ex-Voto de la France !

Mais, dit-on, nous faisons tout cela, nous prions, nous donnons à nos œuvres, et Dieu sait combien nous en avons ! Pouvons-nous en ajouter encore une autre ?

Le Vœu National n'est pas une œuvre nouvelle ; c'est une œuvre destinée à sauver toutes les autres, en attirant la bénédiction de Dieu sur la nation entière.

Ah ! songeons-y, un peuple est un *être* moral et social dont tous les membres sont solidaires entre eux ; s'il périt, si Dieu, lassé de sa légèreté et de son impiété, le rejette loin de Lui ; si, justement irrité des blasphèmes qui l'outragent et du mépris de ses lois, par lequel on semble Le défier, le Seigneur Dieu tout-puissant abandonne la France, elle deviendra bientôt une proie que ses ennemis n'auront plus qu'à saisir.

Oh ! non, il n'en doit pas être ainsi, et bien certainement cet appel sera entendu.

SACRATISSIMO CORDI JESU CHRISTI
GALLIA POENITENS ATQUE DEVOTA

Pendant que les personnes riches enverront de larges aumônes, donnant ainsi un noble exemple de générosité, de piété et de confiance, les pauvres enverront leur modeste obole dont Dieu connaît le prix immense ; tous réunissant ainsi leurs offrandes formeront un total considérable, et la basilique par son heureux achèvement procurera une grande gloire à Dieu et un gage de salut à notre bien-aimée France.

Gardons-nous bien aussi d'oublier que seuls nous ne pouvons rien ; implorons donc l'aide du Seigneur ; unissons-nous à l'Œuvre par la prière et entrons dans l'Archiconfrérie ou dans la Sainte-Ligue du Vœu National. La première fondée pour rendre perpétuelle l'amende honorable, et la seconde spécialement pour obtenir l'aide directe du Sacré Cœur de Jésus.

Mais, avant d'expliquer les divers moyens de s'unir à l'Œuvre par l'aumône ou par la prière, qu'on nous permette de demander à toutes les personnes qui comprendront l'importance du Vœu National, de s'en faire les zélateurs et de la répandre courageusement autour d'eux, sans craindre d'en parler et de se charger de nous faire parvenir les offrandes qui souvent nous seraient envoyées, si l'occasion en facilitait l'expédition. Que de fois une connaissance plus complète de l'Œuvre, ou même seulement une légère pression a suffi pour nous procurer des ressources abondantes ! Qu'on se rappelle à ce sujet que Notre-Seigneur a fait des promesses merveilleuses à tous ceux qui s'occuperaient d'augmenter la gloire de son Cœur Sacré, et l'on ne reculera pas devant quelques petits sacrifices.

Une messe est dès à présent fondée pour les zélateurs, les collecteurs et les souscripteurs du Vœu National, elle est chaque mois célébrée solennellement à Montmartre.

Ceci dit, expliquons d'abord ce que sont nos deux Œuvres de prière : l'Archiconfrérie et la Sainte Ligue du Vœu National.

ARCHICONFRÉRIE DU VŒU NATIONAL

L'Archiconfrérie est une association de prières et de bonnes œuvres établie dans le sanctuaire du Sacré-Cœur ; elle a été érigée canoniquement en confrérie du Sacré-Cœur le 1er avril 1876, et en archiconfrérie pour la France par bref du 20 février 1877 (1).

Tout le monde peut en faire partie, même les enfants et les défunts pour qui l'on peut souscrire. Il suffit, pour gagner les nombreuses indulgences qui y sont attachées d'avoir son nom inscrit sur le registre de l'Archiconfrérie, à Montmartre, ou sur le registre d'une confrérie du Sacré-Cœur agrégée à cette Archiconfrérie ; de verser chaque année en faveur de l'Œuvre une aumône dont la quotité est absolument facultative, et de réciter chaque jour la petite prière suivante :

Cœur sacré de Jésus, protégez la sainte Église contre ses ennemis, ayez pitié de la France, et faites que je vous aime chaque jour davantage.

Il faut s'adresser, pour tout ce qui regarde l'Archiconfrérie, tant pour les inscriptions personnelles que pour les agrégations collectives, au

---

(1) Elle est destinée surtout à perpétuer la pensée d'expiation, de pénitence e d'invocation qui a inspiré le Vœu National.

Feuille à détacher.

Le Pilier de Marseille
à l'Église du Vœu National

SOUSCRIPTION

Liste des Souscriptions recueillies par M

demeurant

NOMS DES SOUSCRIPTEURS

	FR.	CENT.			FR.	CENT.
1			26			
2			27			
3			28			
4			29			
5			30			
6			31			
7			32			
8			33			
9			34			
10			35			
11			36			
12			37			
13			38			
14			39			
15			40			
16			41			
17			42			
18			43			
19			44			
20			45			
21			46			
22			47			
23			48			
24			49			
25			50			

Feuille à détacher.

La souscription est ouverte, d'une manière permanente, aux bureaux de la *Semaine Liturgique,* rue des Feuillants, 20, Marseille.

Chaque numéro donne l'indication des *Pierres* nouvellement souscrites par nos pieux lecteurs.

Outre cette offrande des Pierres, nous osons soumettre aux Catholiques marseillais qui nous lisent, la pensée d'offrir UN PILIER où seraient gravées les armes de Marseille et qui serait comme l'Ex-Voto de la Ville du Sacré-Cœur, dans l'église du Vœu de la France.

Si cette pensée est agréée, comme nous l'osons espérer de la dévotion marseillaise au Sacré-Cœur de Jésus, nous donnerons, dans chaque numéro, la liste des offrandes, qui nous auront été remises dans ce but.

R. P. Supérieur de la chapelle provisoire : 31, rue de la Fontenelle, à Paris-Montmartre.

SAINTE LIGUE DU VŒU NATIONAL

La Sainte Ligue est l'armée de soutien de l'Œuvre ; elle est destinée à procurer aux promoteurs de l'Œuvre l'aide de Notre-Seigneur dans leur lourde tâche et surtout à faciliter le succès de l'Œuvre et la réalisation des grâces qu'elle a pour but d'obtenir pour l'Eglise et pour la France. C'est une union de prières dont toute personne pieuse peut faire partie en obtenant les nombreux avantages et indulgences, pourvu que son nom soit inscrit sur le registre de l'Œuvre et qu'elle veuille bien en remplir les conditions, soit de faire aux intentions de l'Œuvre la sainte communion le premier vendredi du mois et aux fêtes de la B. Marguerite-Marie, de sainte Thérèse et de sainte Catherine de Sienne (1).

Les membres de la Sainte Ligue se consacrent au Sacré-Cœur d'une manière toute particulière et lui offrent généreusement les peines qui dans cette vie ne manquent à personne.

S'adresser pour tout ce qui regarde la Sainte Ligue à M. Rohault de Fleury, 6, rue de Furstenberg, à Paris.

SOUSCRIPTIONS

Les principaux modes de souscriptions employés jusqu'ici sont :

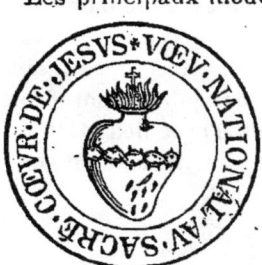

Les Décades. — Ou l'assemblage de dix personnes pour réunir une offrande que recueille un dizainier, sont organisées à l'instar de la Propagation de la Foi, et tout en laissant à chacun la liberté la plus absolue de la quotité annuelle, n'en fournissent pas moins, par leur régularité, le revenu le plus précieux de notre Œuvre ; nous ne saurions trop en recommander l'établissement.

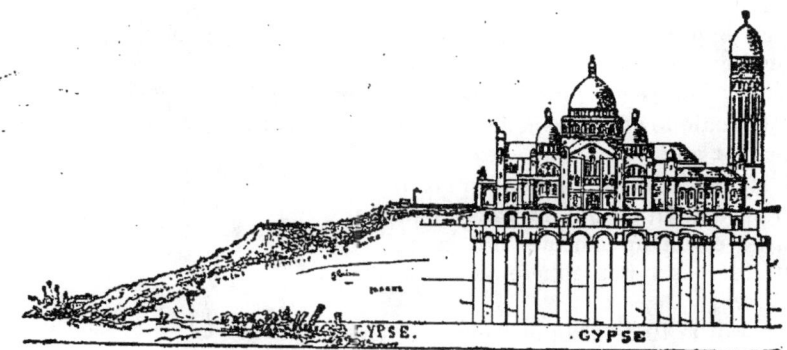

(1) Plus de 30 indulgences plénières. Les communions peuvent se remettre, mais les indulgences sont attachées au jour lui-même.

Les 1000. — La souscription des mille, dont les offrandes sont destinées à reconstituer l'avance que nos fondations ont épuisée

Les Pierres. — Qui consistent à payer une ou plusieurs pierres, dont la place est connue et publiée, et sur lesquelles sont gravées les initiales du donateur.

Il y a des pierres de la Manse qui coûtent 120 francs et qui sont employées dans l'intérieur de la construction.

Les pierres de Château-Landon qui sont apparentes et qui coûtent 300 francs.

Chacun a droit à cinq lettres gravées, mais on ne peut exiger que cette inscription reste apparente dans la construction.

Les Piliers. — Les piliers rentrant dans cette catégorie d'offrandes; il y en a de 5,000 fr., de 15,000 fr. et de 30,000 fr., comme l'on voit pour toutes les bourses, aussi conviennent-ils bien aux villes, aux paroisses, aux grandes associations. Les donateurs des piliers ont droit à avoir leur nom ou leurs armoiries gravés dans l'ornementation du pilier. Il est bien entendu que ces piliers sont connus et deviennent une sorte de propriété.

Bulletin. — Enfin il y a le *Bulletin* : son prix, 3 francs par an, n'est pas rémunérateur, mais c'est notre moyen de propagande le plus efficace. Il rend compte de nos travaux, de nos recettes, de nos dépenses ; il contient une Chronique de la chapelle, des pèlerinages qui s'y font et des grâces qui s'y obtiennent ; il tient enfin au courant de tout ce qui se passe dans l'œuvre et en un mot de tout ce qui peut intéresser nos adhérents et nos zélateurs.

Il paraît le 10 de chaque mois.

Les travaux de la crypte se continuent toujours sous les cinq dômes de l'église haute. Sur toute cette superficie les constructions s'élèvent, déjà jusqu'à la huitième assise, que l'on complète en ce moment.

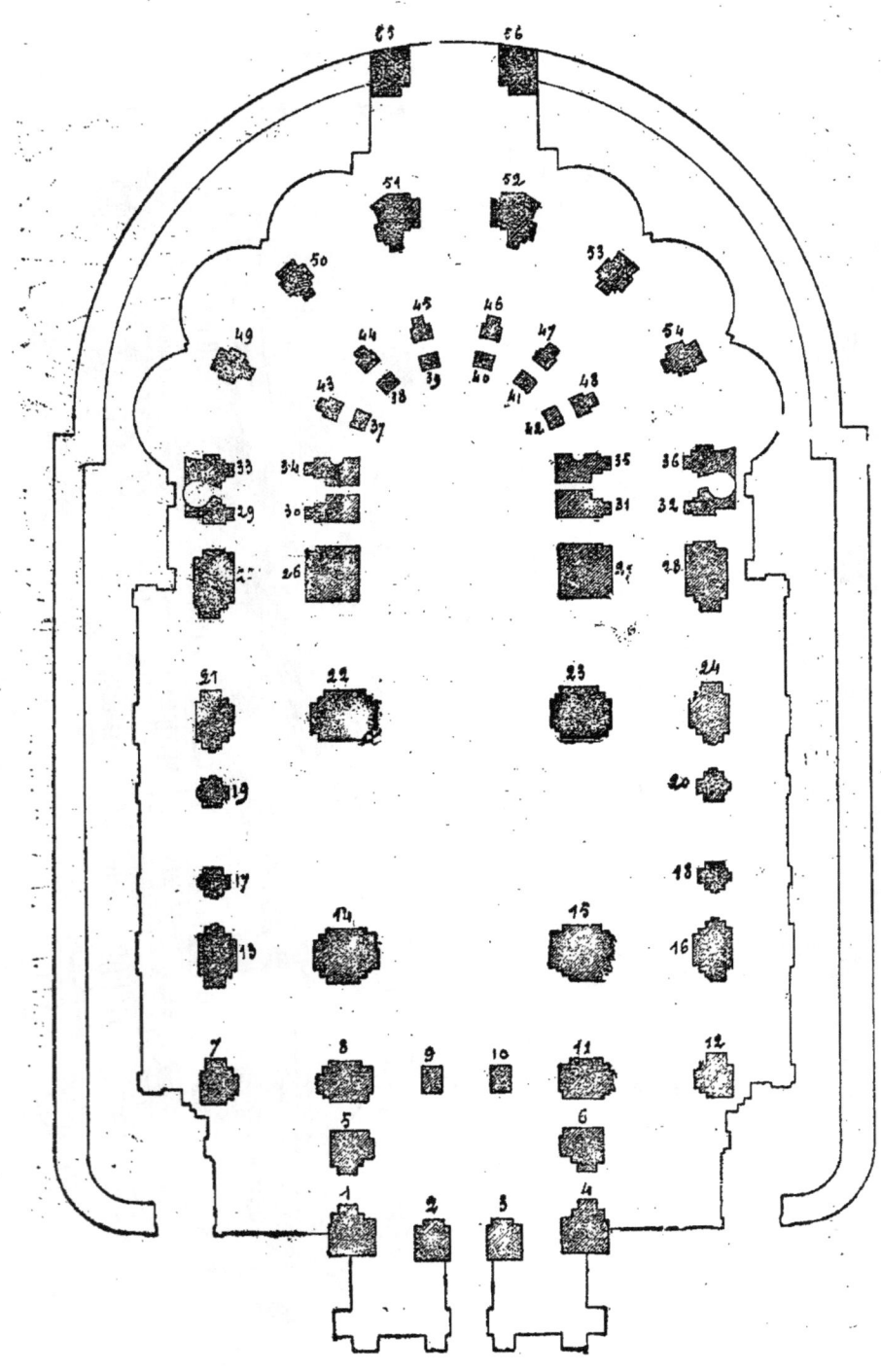

LA CRYPTE VUE A VOL D'OISEAU

La partie des chapelles absidales est terminée en fondation et prête à recevoir les premières assises de la construction de la crypte.

Conformément aux instructions du comité, l'on prépare en carrière la pierre nécessaire à ces dernières constructions. On n'en commencera la pose qu'à l'ouverture de la prochaine campagne, ainsi que la pose de la neuvième assise sur les parties déjà élevées. A la fin de cette campagne, la crypte sera donc sur toute son étendue arasée à la hauteur des naissances de voûtes.

Nous donnons un dessin qui représente l'état actuel de la crypte vu à vol d'oiseau, et qui montrera à nos lecteurs le point d'élévation atteint et la disposition de cette seconde partie, — les fondations étant la première — du sanctuaire de Montmartre. Comme on peut le voir, cela avance rapidement. On sait, en effet, que les pierres arrivant sur le chantier toutes taillées et numérotées, les maçons n'ont plus qu'à les placer à l'endroit indiqué ; il est donc facile de comprendre que plus on monte, plus vite ce placement est fait, puisqu'on a moins à descendre.

S'adresser pour les messes, ex-voto, recommandations, et pour l'**Archiconfrérie**, au R. P. SUPÉRIEUR de la chapelle provisoire, 31, rue de la Fontenelle ;

Pour la correspondance, les renseignements et la rédaction du Bulletin, ainsi que pour la **Sainte Ligue** à M. RO-HAULT DE FLEURY, secrétaire, rue de Furstenberg, à Paris ;

Pour les abonnements à M DAUCHEZ, 6, rue de Furstenberg.

Marseille. — Imprimerie Joseph Chauffard, rue des Feuillants, 20.

www.ingramcontent.com/pod-product-compliance
Lightning Source LLC
Chambersburg PA
CBHW070439080426
42450CB00031B/2732